DIE ZAUBERFLÖTE

Eine Nacherzählung von Hendrik Lambertus

Mit Bildern aus dem Film
»The Magic Flute – Das Vermächtnis der Zauberflöte«

ueberreuter

 Tamino

 Papageno

 Pamina

 Papagena

Königin der Nacht

Drei Damen

Sarastro

Monostatos

Angriff der Schlange

Ein Untier, drei Damen und ein bunter Vogel

1

6
»Zu Hilfe!«

Mit einem wilden Fauchen wälzt sich die Riesenschlange heran. Dicke Panzerschuppen bedecken ihren Körper, und die Zähne in ihrem Maul, lang wie Schwerter, verheißen nichts Gutes. Panisch hetzt Prinz Tamino durch das enge Tal, nur fort von dem Untier! Er hat sich auf der Jagd in diesen abgelegenen Bergen verirrt und seine Gefährten aus den Augen verloren. Nun ist er ganz auf sich gestellt, und in seinem Köcher sind keine Pfeile mehr. Seine Hilferufe verhallen ungehört:

»*Zu Hilfe! Zu Hilfe! Sonst bin ich verloren,*
der listigen Schlange zum Opfer erkoren.«

Die gierige Schlange aber kommt näher und näher. Schon schnappen ihre Kiefer unbarmherzig zu! Tamino wirft sich verzweifelt zur Seite – und stößt mit dem Kopf gegen einen Felsen. Bewusstlos liegt er auf dem Boden, während die Schlange über ihm aufragt und ihr höhlenartiges Maul aufreißt, um ihn zu verschlingen. Plötzlich zischen silberne Blitze durch die Luft! Es sind magische Wurfspieße, und sie finden ihr Ziel – tödlich getroffen sinkt das Ungeheuer in sich zusammen. Doch woher kamen die Spieße nur?

Drei edle Damen erscheinen wie aus dem Nichts mitten in der Felsenödnis, gehüllt in dunkle Schleiergewänder. Sie waren es, die den Prinzen gerettet haben. Nun stehen sie rund um den ohnmächtigen Tamino und betrachten ihn nachdenklich. Könnte dieser junge Mann der Retter sein, auf den ihre Herrin schon so lange wartet? Jemand sollte ihr von dem Vorfall erzählen!
Doch keine der Damen mag sich von dem schönen Prinzen trennen, und sie streiten sich, wer Bericht erstatten muss:

»So geht und sagt es ihr!
Ich bleib indessen hier.«
»Nein, nein! Geht ihr nur hin;
ich wache hier für ihn.«

Schließlich entscheiden sie, alle drei gemeinsam zu gehen, und Prinz Tamino bleibt allein zurück. Da erwacht Tamino stöhnend aus seiner Ohnmacht und sieht sich um. Die Schlange liegt leblos neben ihm, und er hat keine Ahnung, was passiert ist. Noch während er versucht, sich zu orientieren, hört er plötzlich Schritte. Jemand nähert sich!

7
»Ein holder Jüngling ...«

Tamino versteckt sich rasch hinter einem Felsen und beobachtet
den Neuankömmling. Es ist ein Mann in einem bunten Federkleid.
Er trägt einen Käfig mit einem Singvogel bei sich und trällert
fröhlich vor sich hin:

>>Der Vogelfänger bin ich ja,
stets lustig, heissa! Hopsasa!
    Der Vogelfänger ist bekannt
    bei Alt und Jung im ganzen Land.<<

»Der Vogelfänger bin ich ja«

Der Fremde wirkt nicht bedrohlich, und so wagt sich der Prinz aus seinem Versteck. Doch er wird misstrauisch beäugt; es verirren sich wohl nur selten Menschen in diese abgelegene Gegend. Tamino kann das Vertrauen des Mannes gewinnen, der sich als Papageno vorstellt. Er erzählt, dass er in einer einfachen Strohhütte im Wald lebt und als Vogelfänger für eine geheimnisvolle »sternflammende Königin« arbeitet. Ein seltsamer Kerl – ein bisschen verrückt, aber fröhlich und nett.

Als Papageno die tote Schlange erblickt, erschreckt er sich fürchterlich. Doch schon im nächsten Moment prahlt er damit, sie getötet zu haben; dafür brauche er auch gar keine Waffen, ein einfacher Händedruck mit seinen Riesenkräften genüge …

Tamino bestaunt seinen neuen Bekannten. So stark sieht der doch gar nicht aus? Da hallt auch schon eine strenge Stimme durch das Tal:

»Papageno!«

Es sind die drei Damen, die von ihrer Herrin zurückkehren. Sie verkünden dem Prinzen, dass sie ihn vor der Schlange gerettet haben, und verschließen Papageno als Strafe für seine Lüge mit ihrer Magie den frechen Mund. Statt Wörtern kommt nur noch hilfloses Gebrumme über seine Lippen. Und den Kuchen und Wein, den er sonst als Lohn für seine Vögel erhält, kann er sich nun abschminken.

ZUR STRAFE FÜR SEINE LÜGE VERSCHLIESSEN DIE DREI DAMEN PAPAGENO DEN FRECHEN MUND.

Tamino ist völlig verwirrt und erfährt, dass auch die Damen zu jener Königin gehören, in deren Diensten Papageno steht. Es ist die Königin der Nacht, die Herrin von Schatten und Dunkelheit.
Dann geschieht etwas, das der Prinz noch nie zuvor erlebt hat: Die Damen beschwören mit ihrer Zaubermacht das Bild einer jungen Frau herauf; sie ist blass und dunkelhaarig und scheint traurig in die Weite zu schauen.
Prinz Tamino ist ganz verzaubert von ihrer Erscheinung und dem Glanz ihrer brunnentiefen Augen. Ein seltsames Gefühl steigt in ihm auf und kribbelt in seinem Bauch wie tausend Schmetterlinge: Liebe auf den ersten Blick! Laut singt er es in die Welt hinaus:

»Dies Bildnis ist bezaubernd schön,
    wie noch kein Auge je geseh'n!
Ich fühl' es, wie dies Götterbild
    mein Herz mit neuer Regung füllt.«

10
»Dies Bildnis ist bezaubernd schön«

Die Sternflammende Königin

Prinz Tamino erhält seine grosse Aufgabe

2

♪ **12** ♪ ♪
»Du, Du, Du«

Prinz Tamino ist
 überwältigt von
der Erscheinung
der Königin der Nacht.

Millionen von silbrigen Sternen bedecken die Gewänder der Königin der Nacht. Es sieht aus, als trüge sie den Nachthimmel selbst als Königinnenmantel. Prinz Tamino ist überwältigt von ihrer Erscheinung, als die drei Damen ihn zu ihr führen, und sinkt auf die Knie. Doch die Königin der Nacht spricht sanft zu ihm:

»*O zittre nicht, mein lieber Sohn!*
Du bist unschuldig, weise, fromm.
Ein Jüngling, so wie du, vermag am besten,
dies tief betrübte Mutterherz zu trösten.«

Sie berichtet Tamino etwas Ungeheuerliches: Ihre Tochter, die Prinzessin Pamina, ist entführt worden – jene junge Frau, deren Anblick ihn gerade so bezaubert hat! Verantwortlich dafür sei der schurkische Fürst Sarastro. Eindringlich bittet die Königin den Prinzen, ihre Tochter aus den Fängen des Tyrannen zu befreien. Wenn ihm dies gelingt, soll Pamina seine Braut sein. Die Königin der Nacht verschwindet wieder, und Tamino bleibt zurück, fest entschlossen, Pamina zu retten!

PAPAGENO

Hm! Hm! Hm! Hm! Hm! Hm! Hm! Hm!

TAMINO

Der Arme kann von Strafe sagen, Denn seine Sprache ist dahin.

PAPAGENO

Hm! Hm! Hm! Hm! Hm! Hm! Hm! Hm!

TAMINO

Ich kann nichts tun, als dich beklagen, Weil ich zu schwach zu helfen bin.

PAPAGENO

Hm! Hm! Hm! Hm! Hm! Hm! Hm! Hm!

13
»Hm! hm! hm!«

Als sich Tamino auf den Weg machen will, fällt sein Blick auf Papageno, dessen Mund noch immer magisch verschlossen ist, sodass er nur vor sich hinbrummen kann. Der Arme!
Es gelingt dem Prinzen nicht, Papageno von dem Zauber zu befreien; doch schließlich lassen die drei Damen Gnade walten und nehmen den Zauber von dem Vogelfänger. Dafür verlangen sie aber von ihm, dass er Prinz Tamino auf seiner Rettungsmission begleitet. Papageno ist wenig begeistert von der Aussicht. Viele schreckliche Dinge hat er schon über diesen Sarastro gehört … Doch zum Glück geben die drei Damen Tamino ein besonderes Geschenk auf seine Reise mit: eine goldene Flöte, die ihn auf magische Weise in der Gefahr zu beschützen vermag – die Zauberflöte!

»O Prinz, nimm dies Geschenk von mir!
Dies sendet unsre Fürstin dir!
Die Zauberflöte wird dich schützen,
im größten Unglück unterstützen.«

Auch Papageno bekommt eine Zaubergabe. Es ist ein magisches Glockenspiel, das aussieht wie eine kleine Spieluhr. Der Vogelfänger schöpft neuen Mut und verabschiedet sich zusammen mit Prinz Tamino von den Damen.

Auf geisterhafte Weise erscheinen drei Knaben, die Tamino und Papageno den Weg zu Sarastros Palast weisen. Sie haben silbriges Haar und tragen Palmwedel in derselben glänzenden Farbe in den Händen.

Sarastros Palast
Auf zur Rettung von Prinzessin Pamina!

3

Sarastros Palast erhebt sich stolz und prunkvoll über einer Oasenstadt am Rande der Wüste. Doch für Prinzessin Pamina sind die luxoriösen Gemächer nichts weiter als ein Gefängnis. Gerade ist ihr letzter Fluchtversuch gescheitert. Die Palastwachen haben sie aufgegriffen, und Monostatos, ihr grausamer Hauptmann, lässt die Prinzessin anketten. Hämisch verspottet er sie, doch Pamina lässt sich nicht unterkriegen:

*»Der Tod macht mich nicht beben,
nur meine Mutter dauert mich;
sie stirbt vor Gram ganz sicherlich.«*

Da nähert sich Papageno dem Palast, den Prinz Tamino als Kundschafter vorausgeschickt hat. Durch ein Fenster kann er einen Blick auf die verstörende Szene werfen.

Der Vogelfänger nimmt all seinen Mut zusammen – und dringt in den Palast ein. Dabei stößt er sofort auf Monostatos und erschrickt fürchterlich. Der brutale Wächter aber hat genauso viel Angst vor dem fremdartigen, vogelbunten Papageno wie dieser vor ihm!

*»Hu! Das ist der Teufel sicherlich!
Hab Mitleid, und verschone mich!«*

Monostatos läuft schreiend davon, und Papageno bleibt mit Pamina allein zurück. Während er sie von ihren Fesseln befreit, erklärt er ihr, dass er zusammen mit Prinz Tamino zu ihrer Rettung gekommen ist. Die Prinzessin ist überglücklich – und neugierig darauf, endlich den fremden, jungen Prinzen kennenzulernen.

17
»Du feines Täubchen nur herein …
Wo bin ich wohl?«

Doch Papageno wird traurig, als die Sprache auf die Liebe kommt. Denn er hat noch keine passende Frau für sich gefunden und fühlt sich manchmal einsam. Pamina aber ist davon überzeugt, dass sich das bald ändern wird, denn sie glaubt fest an die Macht der Liebe:

»*Bei Männern, welche Liebe fühlen,*
    fehlt auch ein gutes Herze nicht.«

Beschwingt von solchen Gedanken machen sich Pamina und Papageno daran, aus Sarastros Palast zu fliehen.

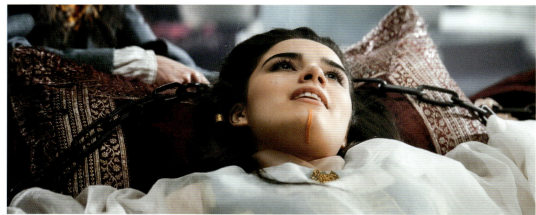

Die drei geisterhaften Knaben haben Prinz Tamino unterdessen zu drei säulengeschmückten Tempeln geführt. Über ihren Portalen sind Inschriften zu lesen:

Tempel der Weisheit
Tempel der Vernunft
Tempel der Natur

Der Prinz bestaunt die kunstfertigen Gebäude und ist sich sicher, dass dies ein auserwählter Ort der Götter sein muss. Als er hineingehen will, tritt ihm ein alter Priester entgegen. Er erzählt dem Prinzen, dass Sarastro als Hohepriester diesem Weisheitstempel vorsteht. Tamino traut seinen Ohren nicht: Ist das etwa derselbe Sarastro, der Prinzessin Pamina schurkisch entführt hat und gefangen hält? Der Priester bejaht dies zwar, aber erklärt dem Prinzen auch, dass er getäuscht wurde. Schon bald jedoch werde er Gelegenheit haben, tiefere Weisheit zu erlangen. Der Priester verschwindet im Tempel und lässt Tamino verwirrt zurück. Kann er dem Priester wirklich trauen? Und wie soll er nun Papageno wiederfinden? Gedankenverloren spielt der Prinz auf seiner Zauberflöte, um einen klaren Kopf zu bekommen. Und die Melodie entfaltet ihre Magie: Zahlreiche Tiere werden von ihr angelockt, die sich alle friedlich um den Prinzen versammeln. Von diesem magischen Erlebnis bestärkt, setzt Tamino seinen Weg fort. Kann er die Macht der Flöte auch dafür nutzen, um seinen Gefährten Papageno zu finden?

Pamina und Papageno fliehen inzwischen vor den Palastwachen, kreuz und quer über die Basare der Oasenstadt. Hier stößt auch Tamino zu ihnen. Die Magie der Flöte hat ihn zu den beiden geführt! Pamina und er sind sofort fasziniert voneinander, doch sie haben kaum Gelegenheit, ein Wort zu wechseln. Denn plötzlich stellt sich Monostatos den Fliehenden mit seinen Wächtern in den Weg!

»Ha! Hab ich euch noch erwischt!
Nur herbei mit Stahl und Eisen.«

Schon rücken die bewaffneten Wächter heran, um ihre Gefangenen in Ketten zu legen. Da hat Papageno eine verzweifelte Idee: Er öffnet den Deckel seines magischen Glockenspiels, und sofort erklingt eine bezaubernde Melodie. Es geschieht ein Wunder! Monostatos und seine Wachen können nicht anders: Sie beginnen zu tanzen. Wie Ballerinas drehen sie sich im Kreis.

20
♪ »Wer viel wagt«

19
♪ »Ha! Hab' ich euch noch erwischt!«

Pamina tritt vor Sarastro und erklärt ihm, dass sie aus seinem Palast fliehen musste, um Monostatos' Grausamkeit zu entgehen.

21
»Es lebe Sarastro! Sarastro lebe!«

Plötzlich erklingen Trommeln und Fanfaren, und ein prachtvoller Zug nähert sich der Szene. An seiner Spitze wird der Hohepriester Sarastro in einer Sänfte getragen, ein stattlicher Mann in glänzenden Gewändern. Die Leute preisen ihn mit feierlichen Gesängen:

»Es lebe Sarastro! Sarastro soll leben!
Er ist es, dem wir uns mit Freuden ergeben!«

Pamina tritt vor Sarastro und erklärt ihm, dass sie aus seinem Palast fliehen musste, um Monostatos' Grausamkeit zu entgehen. Der Hauptmann erwidert wütend, dass Tamino vorhätte, Pamina zu entführen, und verlangt die Bestrafung des Prinzen. Doch Sarastro braucht nicht lange für sein Urteil: Er lässt Monostatos abführen und ihn mit Stockhieben züchtigen, weil er Pamina schlecht behandelt hat. Dennoch lässt er Prinzessin Pamina nicht frei. Er erklärt ihr mit sanfter Stimme, dass sie vorerst in seinem Palast bleiben muss, weil ihre Mutter, die Königin der Nacht, eine Gefahr für das gesamte Königreich darstellt.

Tamino und Papageno aber lässt er ins Innere des Tempels führen. Die beiden sollen sich den heiligen Prüfungen stellen und beweisen, dass sie würdig sind, die Weisheitslehre der Priesterschaft zu empfangen.

Die Prüfungen
Prinz Tamino stellt sich den Gefahren

4

Im Tempel versammelt Sarastro seine Priester um sich und stimmt sie auf ein wichtiges Ereignis ein: Wenn Prinz Tamino die Prüfungen besteht, werden die Kräfte der Weisheit und des Lichts über die Dunkelheit triumphieren! Der Prinz ist sich inzwischen sicher: Die Königin der Nacht hat ihn getäuscht und Sarastro ist kein Schurke, sondern hat vermutlich gute Gründe für sein Handeln. Darum lässt Tamino sich auf die Prüfungen ein und verkündet den Priestern, dass er nach Weisheit strebt – auch wenn es sein Leben kosten sollte. Papageno ist sich da nicht so sicher und will seinen Hals nicht bei irgendwelchen seltsamen Prüfungen riskieren. Doch die Priester erklären ihm, dass eine große Belohnung auf ihn wartet, wenn er die Prüfungen gemeinsam mit Prinz Tamino besteht: die passende Frau für ihn!

28 »Alles fühlt der Liebe Freuden«

30 »Der Hölle Rache kocht in meinem Herzen«

In Sarastros Palast beklagt sich inzwischen Monostatos über seine »ungerechte« Behandlung – schließlich sehnt auch er sich nur nach Liebe:

>»Alles fühlt der Liebe Freuden,
>   schnäbelt, tändelt, herzet, küsst …«

Heimlich nähert er sich wieder Prinzessin Pamina. Diese erschrickt, als der brutale Hauptmann vor ihr steht – da weht eine Wolke aus dunklen Schatten herbei, und die Königin der Nacht erscheint mitten im Raum. Schützend stellt sie sich vor ihre Tochter. Sofort ergreift Monostatos die Flucht vor der Erscheinung. Prinzessin Pamina ist erleichtert, dass ihre Mutter endlich gekommen ist, um sie zu retten. Doch ihre Erleichterung schlägt in Entsetzen um, als die Königin eine schreckliche Bitte äußert: Pamina soll Sarastro mit einem Dolch ermorden, den ihre Mutter ihr in die Hand drückt! Denn er habe zu Unrecht die Macht über die Kräfte des Lichts geerbt, die eigentlich der Königin zustünde. Nun sinnt sie auf Rache:

>»Der Hölle Rache kocht in meinem Herzen,
>   Tod und Verzweiflung flammet um mich her!«

Damit verschwindet die Königin der Nacht, und Pamina bleibt verzweifelt zurück. Sosehr sie ihre Mutter liebt und die Gefangenschaft verabscheut – morden will sie nicht!

Doch Monostatos hat alles beobachtet. Und nun will er sie mit seinem Wissen erpressen: Wenn Pamina ihn nicht als Geliebten nimmt, wird er Sarastro von dem Mordplan erzählen! Pamina jedoch verweigert es standhaft, sich dem grausamen Hauptmann zu beugen. In diesem Moment erscheint Sarastro und vertreibt Monostatos. Und die erleichterte Pamina trifft ihre Entscheidung.

31
»In diesen heil'gen Hallen«

Sie gesteht alles und bittet Sarastro, ihre Mutter trotz der bösen Pläne zu verschonen. Der Hohepriester erklärt ihr, dass es in seiner Weisheitslehre keinen Platz für Rachegedanken gibt:

»In diesen heil'gen Hallen,
    kennt man die Rache nicht.
Und ist ein Mensch gefallen,
    führt Liebe ihn zur Pflicht.«

Im Tempel müssen Tamino und Papageno unterdessen ihre erste Prüfung bestehen: die Schweigeprüfung! Sie dürfen kein Wort sprechen, egal, was geschieht. Der Vogelfänger hat jedoch keine Lust dazu, und Tamino muss ihn immer wieder ermahnen, still zu sein. Statt zu reden, spielt der Prinz nur auf seiner Zauberflöte. Plötzlich erscheint Pamina, die den Flötenklängen gefolgt ist. Sie ist dankbar, Tamino gefunden zu haben, und möchte mit ihm reden, um ihm von den Geschehnissen zu erzählen. Doch Tamino schweigt verbissen. Die unglückliche Pamina glaubt, dass Tamino kein Interesse mehr an ihr hat. Ehe sie verschwindet, beweint sie ihr Schicksal:

♪ **32** ♪ ♪
♪ »Ach, ich fühl's, es ist verschwunden«

»Ach, ich fühl's, es ist verschwunden –
ewig hin der Liebe Glück!«

Auch Prinz Tamino ist am Boden zerstört. Er hat die Schweigeprüfung bestanden – doch zu welchem Preis? Pamina will nichts mehr von ihm wissen! Traurig setzt er seinen Weg durch die Gewölbe des Tempels fort, der nächsten Prüfung entgegen. Papageno jedoch, der in der Schweigeprüfung versagt hat, kann ihn nicht länger begleiten.

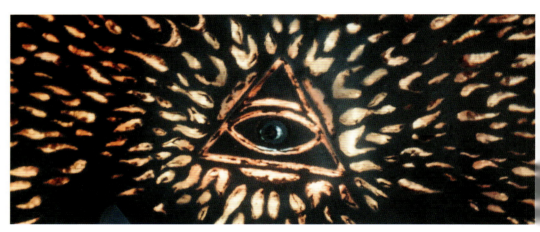

Pamina ist so verzweifelt, dass sie keinen Ausweg mehr weiß. Mit starrem Blick betrachtet sie den Dolch, den ihre Mutter ihr übergeben hat – da erscheinen die drei silberhaarigen Knaben und sprechen ihr Mut zu. Die geisterhaften Drillinge nehmen die Prinzessin bei der Hand und führen sie quer durch den Tempel, bis sie wieder auf Tamino trifft. Das Schweige-Gebot gilt nun nicht mehr, und die beiden können endlich miteinander reden! Mit jedem Wort flattern die Schmetterlinge in ihren Bäuchen wilder, werden ihre Blicke verliebter … Schließlich muss Tamino die Prüfungen fortsetzen – doch nun ist er nicht mehr allein. Pamina bleibt bei ihm!

»Ich werde aller Orten an deiner Seite sein.
Ich selbsten führe dich, die Liebe leite mich!«

Hand in Hand betreten sie die Prüfungsgewölbe der zwei letzten Prüfungen. Plötzlich schlagen brüllende Flammen ihnen von allen Seiten entgegen! Doch die Macht ihrer Liebe – und der Zauberflöte! – beschützt die beiden.

Im nächsten Gewölbe dringen dunkle, ertränkende Wassermassen auf sie ein wie eine schreckliche Sturmflut. Und auch diese Bedrohung bestehen der Prinz und die Prinzessin gemeinsam. Gereinigt durch die gegensätzlichen Kräfte von Feuer und Wasser verlassen sie schließlich den Tempel.

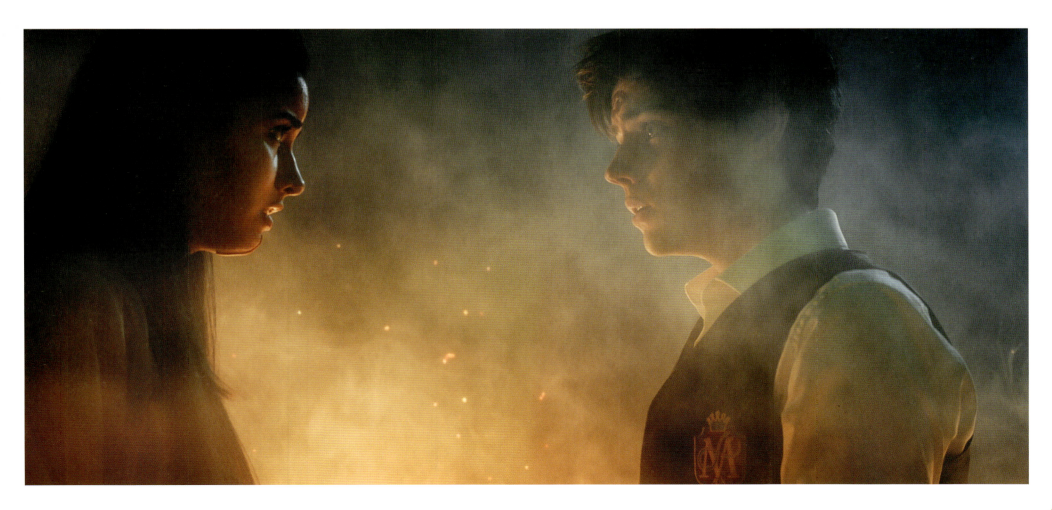

Plötzlich schlagen brüllende Flammen ihnen von allen Seiten entgegen!

Im nächsten Gewölbe dringen dunkle, ertränkende Wassermassen auf sie ein wie eine schreckliche Sturmflut.

Das grosse Fest

Das Licht der Weisheit triumphiert über die Finsternis

5

♪ 38 ♪
»Pa-Pa-Pa-Pa-Pa-Pa-Papagena!«

PAPAGENO ERSCHRICKT FÜCHTERLICH, ALS SICH DIE ALTE ALS »PAPAGENA« VORSTELLT.

Papageno irrt unterdessen traurig und einsam umher und weiß nichts mit sich anzufangen. Schließlich trifft er auf eine uralte Frau mit faltiger Haut. Zunächst ist er froh, jemanden zum Reden gefunden zu haben. Doch er erschrickt fürchterlich, als sich die Alte als »Papagena« vorstellt – die Frau fürs Leben, die ihm versprochen wurde!

Der Vogelfänger versucht, sich eilig davonzumachen, doch die Frau lässt nicht locker. Schließlich ergibt sich Papageno in sein Schicksal – da verwandelt sich die Alte auf zauberhafte Weise in ein lebensfrohes, junges Mädchen, genauso papageienbunt wie Papageno selbst. Glücklich singen die beiden über ihre Liebe und die vielen Kinder, die sie haben werden.

»Pa - Pa - Pa - Pa - Pa - Pa - Papagena!«
»Pa - Pa - Pa - Pa - Pa - Pa - Papageno.«

Die beiden Verliebten merken nichts davon, dass eine neue Gefahr droht: Die Königin der Nacht ist mit ihren drei Schattendamen in den Tempel eingedrungen. Monostatos hat Sarastro verraten und ihnen die Pforten geöffnet! Schon drohen sie, mit dunkler Zauberei die Macht an sich zu reißen – da erstrahlt gleißend-helles Sonnenlicht, und die Kräfte der Finsternis werden hinweggefegt. Tamino und Pamina sind nach bestandener Prüfung aus dem Tempel gekommen, und damit beginnt die Herrschaft der Weisheit und des Lichts. Das Volk jubelt glücklich, als sie sich endlich küssen.

Welche Freude wird das sein,
wenn die Götter uns bedenken,
unsrer Liebe Kinder schenken,
so liebe kleine Kinderlein!

DA ERSTRAHLT GLEISSEND-
HELLES SONNENLICHT, UND
DIE KRÄFTE DER FINSTERNIS
WERDEN HINWEGGEFEGT.

Die Zauberflöte – eine ganz besondere Oper

Hintergründe rund um die Oper, Mozart und seine Zeit

6

Ein Wunderkind und seine Zeit

Vor über zweihundert Jahren wurde die Oper *Die Zauberflöte* zum ersten Mal aufgeführt, am 30. September 1791 in Wien. Damals sah die Welt noch ganz anders aus: Die Menschen reisten in Kutschen, es gab kein elektrisches Licht und Könige und Fürsten herrschten über Europa. Aber obwohl seitdem so viel Zeit vergangen ist, können wir die *Zauberflöte* noch immer mit Freude genießen. Wie kommt es, dass diese Oper auch uns noch etwas zu sagen hat?

Gewiss liegt das auch daran, dass ihre Musik von einem der bedeutendsten Komponisten aller Zeiten geschrieben wurde. Wolfgang Amadeus Mozart war der Sohn eines Berufsmusikers, der ihm bereits als kleiner Junge zusammen mit seiner Schwester Unterricht in Klavier, Geige und Komposition gab. Mozart galt rasch als Wunderkind und reiste mit seiner Familie kreuz und quer durch Europa, um Konzerte zu geben und die Leute mit seinem Klavierspiel zu beeindrucken. Seine erste Oper schrieb er mit elf Jahren.

Die Zauberflöte hingegen war seine letzte Oper. Sie steht am Ende einer langen Reihe von beliebten Stücken wie *Die Hochzeit des Figaro* oder *Don Giovanni*, die ebenfalls noch heute häufig aufgeführt werden. Mozart starb knapp drei Monate nach der Erstaufführung an einer Krankheit. Er wurde nur 35 Jahre alt.

Abb. 1: Leopold Mozart und seine Kinder Wolfgang und Maria Anna – von Carmontelle, 1763

Abb. 2: Wolfgang Amadé Mozart. Unvollendetes Ölporträt von Joseph Lange, 1789

Abb. 3: Libretto zur Oper »Die Zauberflöte« von Emanuel Schikaneder, Frankfurt, Leipzig 1794 mit handschriftlichen Einträgen zur Besetzung der Wiener Uraufführung 1791

Abb. 4: Theaterzettel der Uraufführung der Oper »Die Zauberflöte«, 30. September 1791. Wien, Theater auf der Wieden

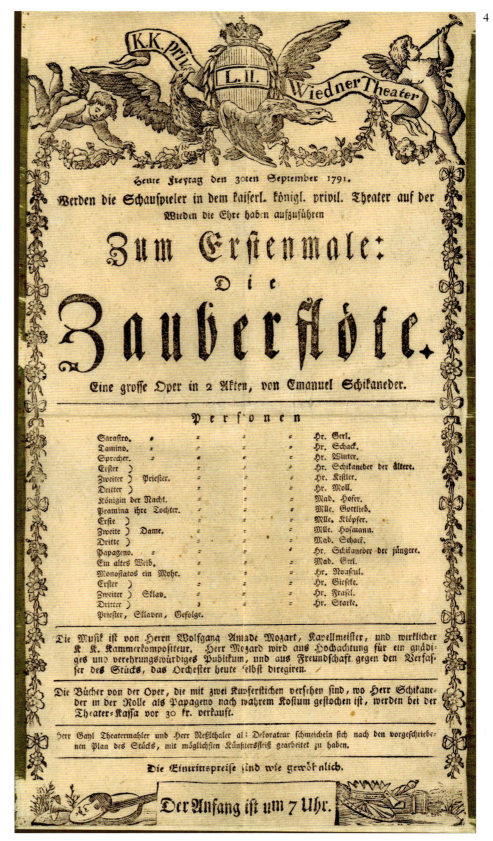

Der vielseitige Herr Schikaneder

Der Text der *Zauberflöte* stammt von einem erfahrenen Theatermenschen: Emanuel Schikaneder war ein erfolgreicher Schauspieler, Autor und Theaterdirektor und zudem ein Freund von Mozart.
In der Uraufführung spielte er selbst den Papageno.
Er hatte ein gutes Gefühl dafür, wie man gleichermaßen berührende und lustige Geschichten erzählt – und was beim Publikum ankommt. Es ist also kein Wunder, dass aus der Zusammenarbeit von Mozart und Schikaneder eine besondere Oper entstand.

Abb. 1: Exlibris und Visitenkarte von Emanuel Schikaneder, Ende 18. Jh.

Was ist eigentlich eine Oper?

Kurz gesagt: Eine Oper ist ein Theaterstück mit Musik und gesungenen Texten, das im Laufe der Jahrhunderte sehr unterschiedliche Formen annehmen konnte. Ursprünglich waren Opern Stücke für den Adel, dem es um Prunk und Prachtentfaltung ging. Sie behandelten häufig erhabene und tragische Themen wie unglückliche Liebe oder das Schicksal großer Persönlichkeiten. *Die Zauberflöte* jedoch ist eine andere Art von Oper. Sie gehört zu den Kasperl- und Zauberopern, die zu Mozarts Zeit in Wien sehr beliebt waren. Diese Stücke haben in der Regel eine märchenhafte Handlung, in der auch Geister und Fabelwesen vorkommen und das Gute am Ende über das Böse siegt. Man könnte sie »Fantasy-Geschichten« nennen.

Und so, wie heute Kinofilme mit Spezialeffekten vom Computer gestaltet werden, hat man damals Magie und Zauberwesen mit mechanischer Bühnentechnik zum Leben erweckt und die Leute zum Staunen gebracht. Das einfache Volk liebte solche Aufführungen und strömte in die Theater wie zum Kinostart eines Blockbusters. Diese Ähnlichkeiten dürften ein weiterer Grund dafür sein, warum wir auch heute noch *Die Zauberflöte* unterhaltsam und faszinierend finden.

Abb. 2 und 3: Kupferstiche zu Mozarts Oper »Die Zauberflöte« von C. Büscher nach Johann Heinrich Ramberg, Orphea Taschenbuch, Leipzig 1826

Abb. 4: Die Zauberflöte. Bühnenbildmodell, Wien 1818. Rekonstruiert nach Dekorationsentwürfen von Antonio de Pian für die Aufführungen im Wiener Kärntnertortheater ab 1815

Das alte Ägypten, die Freimaurer und die Aufklärung

Doch wollten Mozart und Schikaneder mit der Oper tatsächlich nur ein hübsches Märchen erzählen? Vieles spricht dafür, dass noch einiges mehr hinter der *Zauberflöte* steckt. Ursprünglich sollte das Stück gar nicht *Die Zauberflöte* heißen – Mozart und Schikaneder hatten wohl den Titel *Die ägyptischen Geheimnisse* angedacht. Tatsächlich kommen im Text der Oper immer wieder ägyptische Bezüge vor, etwa die Tempel oder die Gottheiten Isis und Osiris. Das alte Ägypten stand zu Mozarts Zeit in dem Ruf, ein Ort von besonderer Weisheit zu sein. Bei den Geheimnissen im Titel geht es jedoch nicht wirklich um Dinge aus der altägyptischen Kultur, wie sie heute von der Ägyptologie erforscht wird. Stattdessen bringt die Oper altägyptische Elemente mit Ideen der Aufklärung in Verbindung – eine wichtige Strömung zu Mozarts Zeit, in der es darum ging, den eigenen Verstand zu gebrauchen und sich nicht blind Autoritäten wie der Kirche oder dem Adel zu unterwerfen.

Mozart und Schikaneder gehörten beide den Freimaurern an, einem Bund, der den Idealen der Aufklärung nahestand und der das Ziel hatte, eine menschlichere Welt zu schaffen. Nach Ansicht vieler Forschenden finden sich die Ansätze der Aufklärung und der Freimaurer an vielen Stellen in der *Zauberflöte* wieder, vor allem in der Weisheitslehre von Sarastro und seinen Priestern.

Abb. 1 und 2: Kostüm Paminas und Sarastros. Stich von Carl Friedrich Thiele nach Johann Heinrich Stürmer zur Zauberflöteninszenierung in Berlin von 1816. Kopiert von Joseph Weis, 1928

Abb. 3: Die Zauberflöte. Akt I, Szene 18 (jetzt 25). Kolorierte Stiche von Joseph Schaffer um 1794

4

5

6

Abb. 4 und 5: Die Zauberflöte. Bühnenbildentwurf. Tempera, Deckfarben. Leopold Sachse, Hamburg, vermutlich 1927

Abb. 6: Die Zauberflöte. Bühnenbildentwurf. Aquarellkopie von Alberto Susat nach einer unbekannten Vorlage, um 1920

Abb. 7: Die Zauberflöte. Gouache, 1. Drittel 20. Jh. Anonyme Kopie des Bühnenbildentwurfs »Garten« von Friedrich von Schinkel. Königliches Opernhaus Berlin, 18. Januar 1816

7

57

Märchen oder Weisheitslehre?

Besonders deutlich wird dies in dem seltsamen Bruch in der Mitte der Handlung: Zunächst bricht Prinz Tamino auf, um eine Prinzessin aus den Klauen eines Bösewichts zu befreien – ein typisches Märchen. Dann jedoch biegt die Geschichte in eine ganz andere Richtung ab. Tamino kämpft nicht länger um Paminas Befreiung, sondern darum, die Prüfungen des Weisheitstempels zu bestehen. Und sein Gönner Sarastro ist dabei jener »Bösewicht«, den er eigentlich bezwingen sollte, während die Königin der Nacht nicht länger eine besorgte Mutter ist, sondern als wütende Rachegöttin auftritt. Fast wirkt es so, als sei dies plötzlich eine ganz andere Geschichte mit anderen Figuren.

In der Forschung gibt es hierzu die Überlegung, dass Mozart und Schikaneder mitten in der Arbeit ihre Ideen für die Oper über den Haufen geworfen haben könnten, sodass das Ende des Stückes nicht ganz zum Anfang passt. Eine andere Ansicht hierzu ist, dass dieser vermeintliche Bruch bewusst im Stück angelegt ist: Die Zuschauenden begleiten Prinz Tamino auf seinem Weg zur Weisheit. In der ersten Hälfte der Oper ist er noch von der Königin der Nacht verblendet, also gefangen in Vorurteilen und Aberglauben. In der zweiten Hälfte sieht die Welt dann ganz anders für ihn aus, wenn er langsam lernt, auf seine Weisheit und Vernunft zu vertrauen. Diese einschneidende Erfahrung und Taminos Umdenken spiegeln sich im vermeintlichen Bruch in der Handlung wider.
Da wir Mozart und Schikaneder nicht mehr dazu befragen können, muss das letztendlich ungeklärt bleiben. Dieser kleine Einblick in die Forschung zeigt jedoch, dass *Die Zauberflöte* zum Nachdenken anregt und sehr unterschiedliche Deutungen und immer neue Ideen zulässt.

1

Abb. 1 und 2: Kupferstiche zu Mozarts Oper »Die Zauberflöte« von C. Büscher nach Johann Heinrich Ramberg, Orphea Taschenbuch, Leipzig 1826

Abb. 3: Die Zauberflöte. Akt II, Szene 25 (jetzt 28). Kolorierter Stich von Joseph Schaffer um 1794

Die Zauberflöte im Wandel

Aus unserer heutigen Sicht ist es zum Beispiel fragwürdig, dass der brutale Monostatos im Original schwarz ist und der Text der Oper auch immer wieder darauf herumreitet, als wäre das etwas Negatives – das ist glasklar Rassismus. Auch könnte man davon irritiert sein, dass der finstere Aberglaube in Gestalt der Königin der Nacht durch eine Frau verkörpert wird, während für das Licht der Vernunft mit Sarastro ein Mann steht. Wobei immerhin Pamina als Frau an den Weisheitsprüfungen teilnimmt, gleichwertig an Taminos Seite.

Natürlich war die Weltsicht in Mozarts Zeit noch eine andere, selbst unter aufgeklärten Leuten, die sich für eine bessere Welt einsetzen wollten. Doch die Beispiele zeigen, dass jede Zeit für sich einen neuen Zugang zu der Oper finden muss.

Das ist ein weiterer – und vielleicht der wichtigste – Grund dafür, dass *Die Zauberflöte* uns auch heute noch viel zu sagen hat und an Opernhäusern auf der ganzen Welt gespielt und immer wieder neu inszeniert wird: Jeder Mensch ist dazu eingeladen, seinen eigenen Blick auf *Die Zauberflöte* zu finden – und natürlich Spaß dabei zu haben! Das ist die Botschaft, die uns der bunte Vogel Papageno mitgibt, und sie ist nicht weniger wichtig als alle Überlegungen zur Weisheit. Denn mit Spaß kennt Papageno sich aus …

Abb. 1: Tamino und die Königin der Nacht als Marionetten in einer modernen Inszenierung der Zauberflöte von Yuval Sharon an der Staatsoper unter den Linden, Berlin.

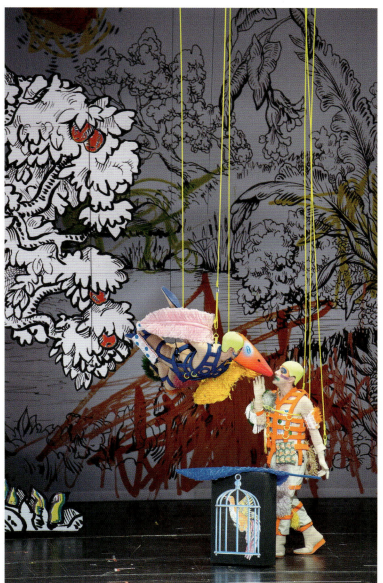

Abb. 2: Das moderne Bühnenbild von Mimi Lien spielt collagenartig mit verschiedenen Stilen, vom Expressionismus über Popart bis zur avantgardistischen Graphic Novel.

Soundtracks

Dieser QR-Code führt zu dem Soundtrack des Films »The Magic Flute – Das Vermächtnis der Zauberflöte«.

Überall, wo Noten und eine Nummer zu sehen sind, kann man sich passend zur Stelle im Buch die Musik anhören. Einfach den angegebenen Track auswählen und Musik und Geschichte gemeinsam genießen!

Trackliste
»The Magic Flute – Das Vermächtnis der Zauberflöte«

6	Zu Hilfe!
7	Ein holder Jüngling
8	Der Vogelfänger bin ich ja
10	Dies Bildnis ist bezaubernd schön
12	Du, Du, Du
13	Hm! hm! hm!
17	Du feines Täubchen nur herein …Wo bin ich wohl?
19	Ha! Hab' ich euch noch erwischt!
20	Wer viel wagt
21	Es lebe Sarastro! Sarastro lebe!
28	Alles fühlt der Liebe Freuden
30	Der Hölle Rache kocht in meinem Herzen
31	In diesen heil'gen Hallen
32	Ach, ich fühl's, es ist verschwunden
38	Pa-Pa-Pa-Pa-Pa-Pa-Papagena!

Abbildungsverzeichnis

Bildmaterial zum Kinofilm »The Magic Flute – Das Vermächtnis der Zauberflöte« © Flute Film GmbH, Fotografien: Luis Zeno Kuhn

Kapitel 6: Die Zauberflöte – eine ganz besondere Oper. Hintergründe rund um die Oper, Mozart und seine Zeit
Abb.: Die Zauberflöte (Wolfgang Amadeus Mozart), eine Produktion der Staatsoper Unter den Linden, Premiere: 14. Dezember 1994. Inszenierung: August Everding. Bühnenbild: Fred Berndt nach Karl Friedrich Schinkel. Kostüme: Dorothée Uhrmacher. Licht: Franz Peter David. Königin der Nacht: Ana Durlovski. Tamino: Stephan Rügamer. Foto: Monika Rittershaus

Ein Wunderkind und seine Zeit
Abb. 1: Leopold Mozart und seine Kinder Wolfgang und Maria Anna – von Carmontelle, 1763 © FineArt / Alamy Stock Foto
Abb. 2: Wolfgang Amadé Mozart. Unvollendetes Ölporträt von Joseph Lange, 1789 © Internationale Stiftung Mozarteum, ISM-Archiv, F-222
Abb. 3: Libretto zur Oper »Die Zauberflöte« von Emanuel Schikaneder, Frankfurt, Leipzig 1794 mit handschriftlichen Einträgen zur Besetzung der Wiener Uraufführung 1791 © Bibliotheca Mozartiana
Abb. 4: Theaterzettel der Uraufführung der Oper »Die Zauberflöte«, 30. September 1791. Wien, Theater auf der Wieden. © Internationale Stiftung Mozarteum, ISM-Archiv, F-3104

Der vielseitige Herr Schikaneder/ Was ist eigentlich eine Oper?
Abb. 1: Exlibris und Visitenkarte von Emanuel Schikaneder, Ende 18. Jh. © Internationale Stiftung Mozarteum, ISM-Archiv, F-7355
Abb. 2 und 3: Kupferstiche zu Mozarts Oper »Die Zauberflöte« von C. Büscher nach Johann Heinrich Ramberg, Orphea Taschenbuch, Leipzig 1826 © Bibliotheca Mozartiana
Abb. 4: Die Zauberflöte. Bühnenbildmodell, Wien 1818. Rekonstruiert nach Dekorationsentwürfen von Antonio de Pian für die Aufführungen im Wiener Kärntnertortheater ab 1815 © Internationale Stiftung Mozarteum, ISM-Archiv, F-1143

Das alte Ägypten, die Freimaurer und die Aufklärung
Abb. 1 und 2: Kostüm Paminas und Sarastros. Stich von Carl Friedrich Thiele nach Johann Heinrich Stürmer zur Zauberflöteninszenierung in Berlin von 1816. Kopiert von Joseph Weis, 1928 (?) © Internationale Stiftung Mozarteum, ISM-Archiv, F-7336 und F-7337
Abb. 3: Die Zauberflöte. Akt I, Szene 18 (jetzt 25). Kolorierte Stiche von Joseph Schaffer um 1794 © Internationale Stiftung Mozarteum, ISM-Archiv, F-0275
Abb. 4 und 5: Die Zauberflöte. Bühnenbildentwurf. Tempera, Deckfarben. Leopold Sachse, Hamburg, vermutlich 1927 © Internationale Stiftung Mozarteum, ISM-Archiv, F-6871 und F-6873
Abb. 6: Zauberflöte. Bühnenbildentwurf. Aquarellkopie von Alberto Susat nach einer unbekannten Vorlage, um 1920 © Internationale Stiftung Mozarteum, ISM-Archiv, F-6834
Abb. 7: Die Zauberflöte. Gouache, 1. Drittel 20. Jh. Anonyme Kopie des Bühnenbildentwurfs »Garten« von Friedrich von Schinkel. Königliches Opernhaus Berlin, 18. Januar 1816 © Internationale Stiftung Mozarteum, ISM-Archiv, F-0254

Märchen oder Weisheitslehre?
Abb. 1 und 2: Kupferstiche zu Mozarts Oper »Die Zauberflöte« von C. Büscher nach Johann Heinrich Ramberg, Orphea Taschenbuch, Leipzig 1826 © Bibliotheca Mozartiana
Abb. 3: Die Zauberflöte. Akt II, Szene 25 (jetzt 28). Kolorierter Stich von Joseph Schaffer um 1794 © Internationale Stiftung Mozarteum, ISM-Archiv, F-0274

Die Zauberflöte im Wandel
Abb. 1: Die Zauberflöte (Wolfgang Amadeus Mozart), eine Produktion der Staatsoper Unter den Linden, Premiere: 17. Februar 2019. Inszenierung: Yuval Sharon. Bühnenbild: Mimi Lien. Kostüme: Walter Van Beirendonck. Licht: Reinhard Traub. Video: Hannah Wasileski. Tamino: Julian Prégardien. Königin der Nacht: Tuuli Takala. Foto: Monika Rittershaus
Abb. 2: Die Zauberflöte (Wolfgang Amadeus Mozart), eine Produktion der Staatsoper Unter den Linden, Premiere: 17. Februar 2019. Inszenierung: Yuval Sharon. Bühnenbild: Mimi Lien. Kostüme: Walter Van Beirendonck. Licht: Reinhard Traub. Video: Hannah Wasileski. Papageno: Florian Teichtmeister. Foto: Monika Rittershaus

1. Auflage 2022
© Ueberreuter Verlag GmbH, Berlin 2022
ISBN 978-3-7641-5235-2
Alle Rechte vorbehalten. Das Werk darf – auch teilweise – nur mit Genehmigung des Verlages wiedergegeben werden. Übereinstimmungen und Ähnlichkeiten mit lebenden Personen oder Familien sind rein zufällig und nicht beabsichtigt.

Produzenten des Films: Christopher Zwickler, Fabian Wolfart
Executive Producer: Roland Emmerich
Koproduzenten: Peter Eiff, Theodor Gringel, Timm Oberwelland, Tobias Alexander Seiffert und Stefan Konarske
Musikalische Gesamtleitung und Filmmusik: Martin Stock
Musikaufnahmen: Mozarteumorchester Salzburg
Besetzung: Jack Wolfe, Iwan Rheon, F. Murray Abraham, Niamh McCormack, Elliot Courtiour, Amir Wilson, Tedros Teclebrhan, Cosima Henman, Sabine Devieilhe, Morris Robinson, Asha Banks, Stefan Konarske, Larissa Sirah Herden, Jasmin Shakeri, Jeanne Goursaud, Stéfi Celma, Greg Wise, Rolando Villazón u. a.
Mehr Information zu weiteren Beteiligten gibt es auf www.themagicflute.de

Lektorat: Angela Iacenda
Umschlaggestaltung basierend auf einem Artwork von: Arne Rümmler Grafikdesign
Bildmaterial: © Flute Film
Fotografien: Luis Zeno Kuhn
Druck und Bindung: Druck und Bindung: Finidr, s. r. o., Český Těšín
Layout und Satz: Simone Hoschack
Gedruckt auf Papier aus geprüfter nachhaltiger Forstwirtschaft.

www.ueberreuter.de